0

null

нуль
nul

10

zehn

десять
desiat

20

zwanzig

двадцять
dvadtsiat

30

dreißig

тридцять
trydtsiat

40

vierzig

сорок

sorok

50

fünfzig

п'ятдесят.

p'iatdesiat.

60

sechzig

шістдесят

shistdesiat

70

siebzig

сімдесят

simdesiat

80

achtzig

вісімдесят

visimdesiat

90

neunzig

дев'яносто

dev'ianosto

100

einhundert

сто

sto

1000

eintausend

одна тисяча

odna tysiacha

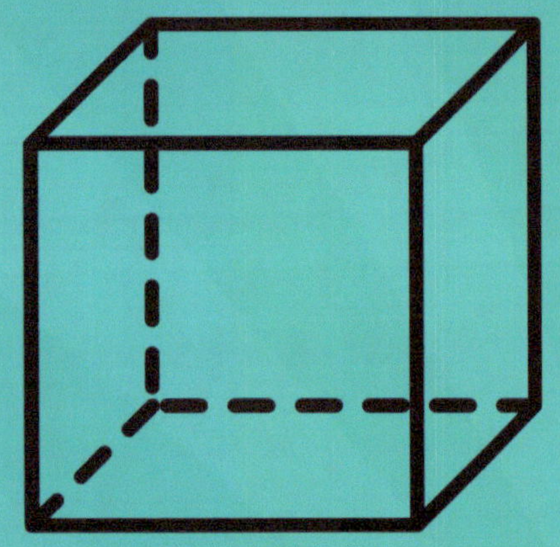

Würfel

куб
kub

Spielbaustein

блок
blok

Eiswürfel

кубик льоду
kubyk lodu

Karamell

карамель
karamel

Zucker

цукор

tsukor

Würfel

гральні кості

hralni kosti

Geschenkbox

подарункова коробка

podarunkova korobka

Pappkarton

картонна коробка

kartonna korobka

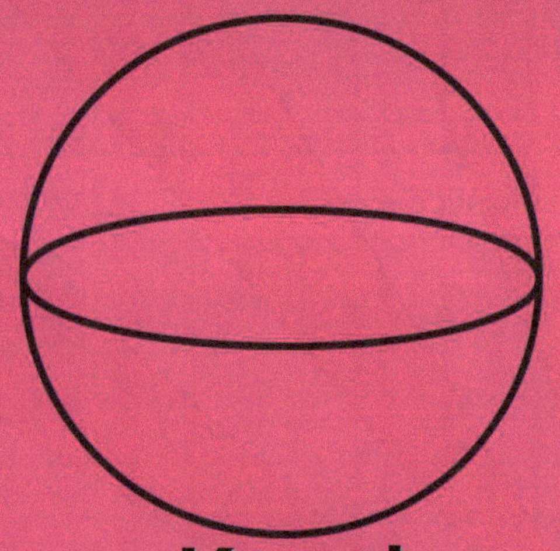

Kugel

сфера
sfera

Eiskugel

ложка для морозива
lozhka dlia morozyva

Perle

перлина
perlyna

Blase

бульбашка
bulbashka

Murmeln

кульки
kulky

Planet

планета
planeta

Schneeball

сніжок
snizhok

Tennisball

тенісний м'яч
tenisnyi m'iach

Zylinder

циліндр
tsylindr

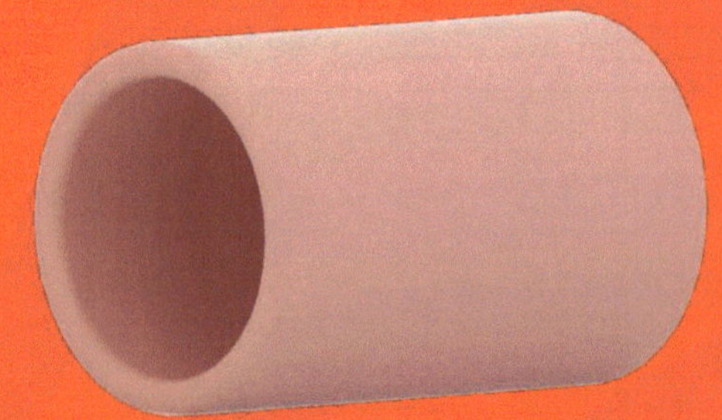

Rohr

трубка
trubka

Batterien

батарейки
batareiky

Garnspule

котушка ниток

kotushka nytok

Zimt

кориця
korytsia

Nudelholz

качалка
kachalka

Wurst

ковбаса
kovbasa

Heuballen

тюк сіна
tiuk sina

Kegel

конус
konus

Verkehrskegel

дорожній конус
dorozhnii konus

Eiswaffel

ріжок морозива
rizhok morozyva

Hexenhut

капелюх відьми
kapeliukh vidmy

Kerker

підземелля

pidzemellia

Tannenbaum

ялинка

ialynka

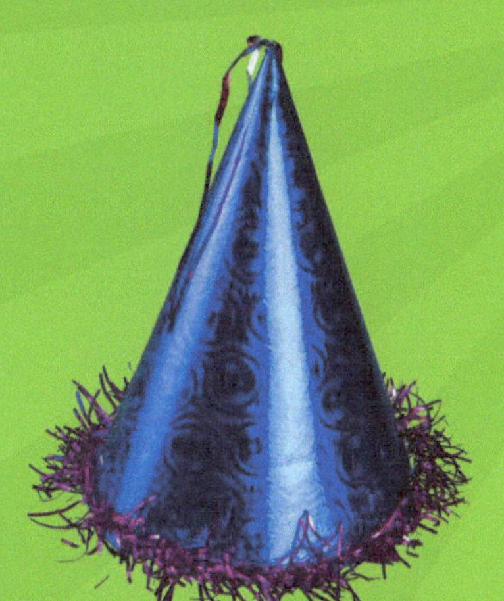

Partyhut

капелюх для вечірки

kapeliukh dlia vechirky

Schnecke

равлик

ravlyk

Brombeere

ожина
ozhyna

Johannisbeere

смородина
smorodyna

Clementine

клементин
klementyn

Durian

дуріан
durian

Drachenfrucht

пітая
pitaia

Jackfrucht

джекфрут
dzhekfrut

Sternfrucht

карамболь
karambol

Spargel

спаржа

sparzha

Radieschen

редиска

redyska

rote Bohne

червона квасоля

chervona kvasolia

Rübe

ріпа

ripa

Maniok

маніок
maniok

Süßkartoffel

Коренеплоди батату
Koreneplody batatu

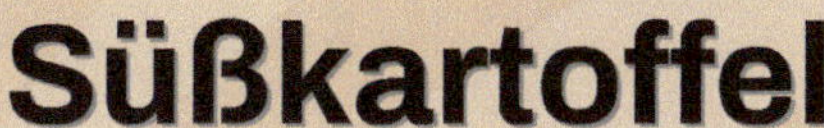

Kichererbsen

нут
nut

Adler

орел

orel

Fledermaus

летюча миша

letiucha mysha

Biber

бобер

bober

Flamingo

фламінго

flaminho

Rabe

ворон
voron

Amsel

дрізд
drizd

Blaumeise

синиця блакитна

synytsia blakytna

Elster

сорока
soroka

Schwalbe

ластівка
lastivka

Lerche

жайворонок
zhaivoronok

Sittich

папуга
papuha

Specht

дятел
diatel

Pfau

павич
pavych

Papagei

папуга
papuha

tukan

тукан
tukan

Storch

лелека
leleka

Koralle

корал
koral

Seeanemone

морська анемона
morska anemona

Seeigel

морський їжак
morskyi izhak

Seepferdchen

морський коник
morskyi konyk

Clownfisch

риба-клоун

ryba-kloun

Goldfisch

золота рибка

zolota rybka

Krabbe

краб

krab

Einsiedlerkrebs

рак-самітник

rak-samitnyk

Delfin

дельфін
delfin

Narwal

нарвал
narval

Oktopus

восьминіг
vosmynih

Tintenfisch

кальмар
kalmar

Walhai

китова акула

kytova akula

Orca

косатка

kosatka

Blauwal

синій кит

synii kyt

Belugawal

білуха

bilukha

Hammerhai

акула-молот

akula-molot

Weißer Hai

біла акула

bila akula

Zitronenhai

лимонна акула

lymonna akula

Tigerhai

тигрова акула

tyhrova akula

Heuschrecke

коник
konyk

Raupe

гусениця
husenytsia

Skorpion

скорпіон
skorpion

Eidechse

ящірка
iashchirka

Dinosaurier

динозаври
dynozavry

schwarzes Haar

чорне волосся

chorne volossia

rotes Haar

руде волосся

rude volossia

braunes Haar

каштанове волосся

kashtanove volossia

blondes Haar

світле волосся

svitle volossia

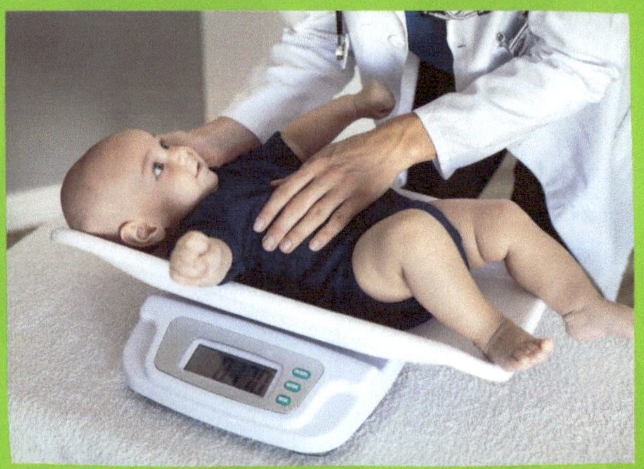

Waage

ваги
vahy

Krankenhaus

лікарня
likarnia

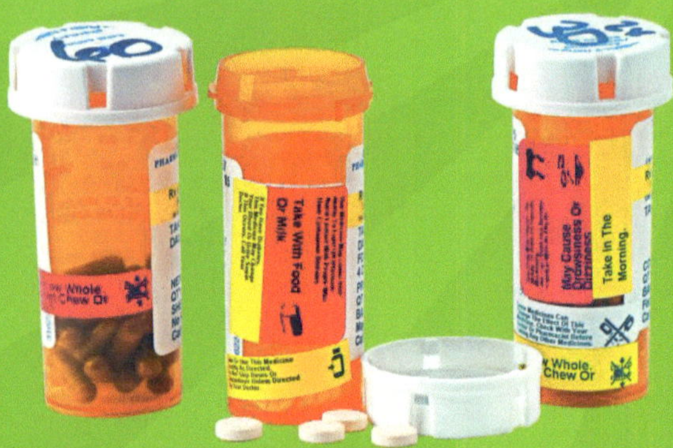

Medizin

ліки
liky

Thermometer

термометр
termometr

Verband

пластир
plastyr

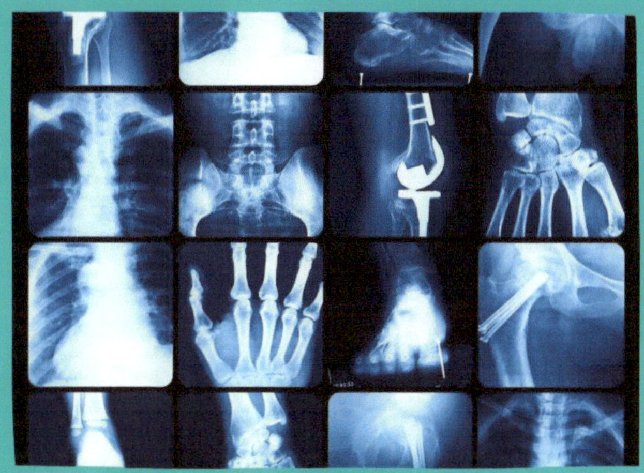

Röntgen

рентген
renthen

Doktor

лікар
likar

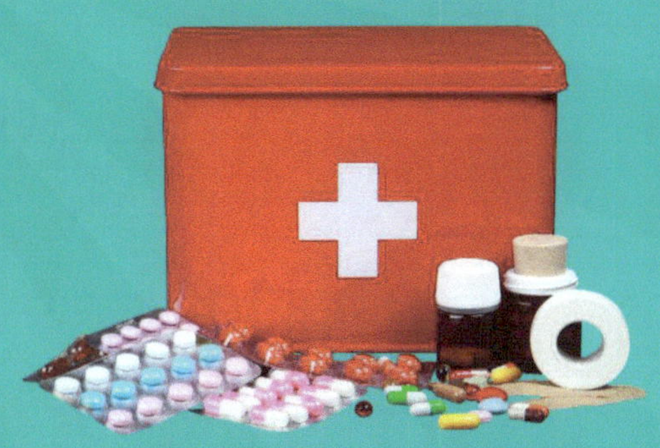

Erste-Hilfe-Kasten

аптечка першої допомоги
aptechka pershoi dopomohy

spielen

грати
hraty

zeichnen

малювати
maliuvaty

zählen

рахувати
rakhuvaty

schreiben

писати
pysaty

Tanzen

танці
tantsi

Schwimmen

плавання
plavannia

Skifahren

лижний спорт

lyzhnyi sport

Basketball

баскетбол
basketbol

Tennis

теніс
tenis

Tischtennis

настільний теніс
nastilnyi tenis

Fußball

футбол
futbol

Reiten

верхова їзда
verkhova izda

Eishockey

хокей
khokei

Judo

дзюдо
dziudo

Boxen

бокс
boks

Laufen

біг
bih

Baseball

бейсбол
beisbol

Kricket

крикет
kryket

Rugby

регбі
rehbi

Volleyball

волейбол
voleibol

Maracas

маракаси
marakasy

Tamburin

тамбурин
tamburyn

Xylophon

ксилофон
ksylofon

Geige

скрипка
skrypka

Klavier

фортепіано
fortepiano

Gitarre

гітара
hitara

Cello

віолончель
violonchel

Harfe

арфа
arfa

Trommel

барабан
baraban

Djembe

джембе
dzhembe

Schlagzeug

ударна установка

udarna ustanovka

Trompete

труба
truba

Horn

ріг
rih

Saxophon

саксофон
saksofon

Flöte

флейта
fleita

Kopfhörer

навушники
navushnyky

singen

співати
spivaty

Notenblatt

ноти
noty

Mikrofon

мікрофон
mikrofon

www.ingramcontent.com/pod-product-compliance
Lightning Source LLC
Chambersburg PA
CBHW041625110726

48005CB00002B/496